A mis dos adorables supercuriosos, Simon y Adèle.
C. J.
¡Muchísimas gracias a Jack Guichard por su revisión!

Texto:
Cécile Jugla

Ilustraciones:

Marion Piffaretti

Charlotte Roederer

Mélisande Luthringer

Benjamin Bécue

Julie Mercier

Título original: DOKÉO JE COMPRENDS COMMENT ÇA MARCHE
© Editions NATHAN, París, Francia, 2014
© de la traducción española:
EDITORIAL JUVENTUD, S. A., 2016
Provença, 101 - 08029 Barcelona
info@editorialjuventud.es / www.editorialjuventud.es
Traducción de Raquel Solà

Primera edición, 2016

ISBN 978-84-261-4400-3

DL B 20.599-2016
Núm. de edición de E. J.: 13.353
Diseño y maquetación: Mercedes Romero
Impreso en España - *Printed in Spain*
Arts Gràfiques Grinver S. A., Avda. Generalitat, 30 - Sant Joan Despí (Barcelona)
Todos los derechos reservados

¿Sabes cómo funciona?

Explicación de **50 cosas** de la vida cotidiana que no sabías

Editorial 🄴🄹 Juventud

Provença, 101 – 08029 Barcelona

Índice

¡ring!

¡ring!

En casa 48

En la ciudad 74

Los transportes 96

¡A comer!

¿Cómo se hace el pan?

Introducimos la harina, el agua, la sal y la levadura en la amasadora.

la harina

el agua

la sal

la levadura

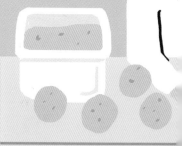

3 La bola de masa se divide en bolitas: **porciones** de masa que pesan lo mismo.

1 **La amasadora** da vueltas, mezcla los ingredientes y se forma una masa elástica.

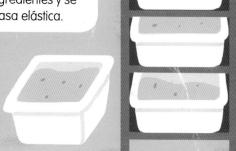

2 La gran bola de masa que sale de la amasadora se deja reposar: se **hincha** gracias a la levadura.

4 La masa se hincha. Esta máquina la transforma en **barras.**

Hago muescas en las barras antes de ponerlas al horno.

6 Las barras se **cuecen** en unos 20 minutos.

¡Ñam! ¡Qué rico el pan calentito!

test

¿Compras el pan en la panificadora o en la panadería?

Respuesta: en la panadería

5 Las barras crudas reposan y se **hinchan** más.

7

¿Cómo se hace la harina?

¡Con espigas de trigo como esta!

¡Corre, vamos a verlo!

1 En verano, Juan, el granjero, corta el trigo con su cosechadora.

2 La cosechadora bate el trigo para separar los granos de la paja. Vierte los granos en el remolque y expulsa los tallos (la paja) al suelo.

3 Juan lleva los granos de trigo a la fábrica de harina.

4 Después de separar y limpiar los granos de trigo se aplastan entre dos grandes rodillos en esta máquina.

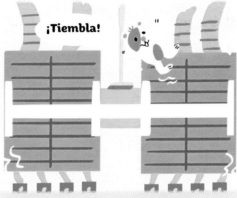

¡Tiembla!

5 Después los pasan por los tamices, que retienen el salvado del cereal, el envoltorio marrón del grano.

El trigo se aplasta y tamiza varias veces hasta obtener una harina blanca y fina.

Panadería

6 Ponen la harina en sacos o en camiones cisternas... y la llevan a Armando, el panadero.

¡Te toca a ti!

Señala todos los alimentos que contengan harina.

el arroz

las pastas

los caramelos

el cruasán

las galletas saladas

la mermelada

la pizza

las creps

9

¿De dónde sale el chocolate?

1 Nací en este árbol llamado cacao, que está en Brasil, un país de América del Sur.

2 Como todos los frutos, primero fui una flor. La flor se marchitó y crecí. Después me puse de color rojo y después naranja.

¡De mí! Soy un fruto. Esta es mi historia...

test

¿El chocolate se hace con semillas de cacao o con vainas de cacao?

Respuesta: con semillas de cacao.

3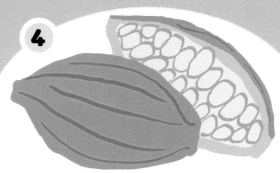

Cuando maduré,
Eduardo me recolectó.

4

Después, ¡crac!, me abrió
en dos para sacar mis semillas.

5

Eduardo puso las semillas a secar
al sol, hasta que se pusieron
marrones.

¡Puag!
¡Es amargo!

Dirección:
la chocolatería

¡Aún queda
mucho
trabajo para
hacer el
chocolate!

6 Colocan mis semillas o granos en sacos.
Emprenden un largo viaje en barco.

¿Cómo se fabrica una tableta de chocolate?

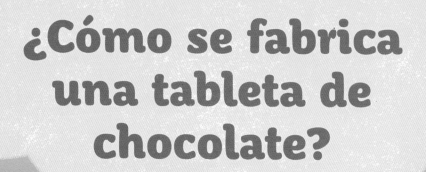

¡Es una gran receta con muchas etapas!

CACAO

1 En la chocolatería se **tuestan** las semillas.

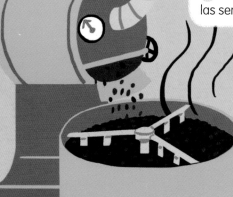

2 Después se muelen para **retirar las cáscaras.**

¡PUAG! Aún es amargo. ¡Falta AZÚCAR!

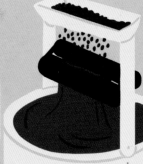

3 Se calientan las semillas y se aplastan bien. Se obtiene una pasta líquida y marrón: **la pasta de cacao.**

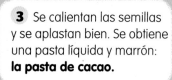

Se exprime una parte de la pasta para hacer manteca de cacao.

4 Se añade **azúcar,** manteca de cacao y a veces vainilla. Se mezcla todo.

5 Se pasa la pasta por numerosos rodillos para que **quede mucho más fina.**

manteca de cacao

vainilla

azúcar

chocolate negro

6 ¡Después se **mezcla** en una cuba muy caliente durante varios días!

Para hacer chocolate con leche, se añade leche en polvo.

7 El chocolate líquido se vierte en **moldes.** Se enfría poco a poco y se endurece.

¡El chocolate ya está listo!

test

¿Qué como: un tablón de chocolate o una tableta de chocolate?

8 Finalmente, se **desmoldan las tabletas.** Se embalan y se distribuyen a las tiendas.

¿Cómo se hacen los yogures?

¡Soy el rey de los yogures caseros! ¿Listos para la lección?

1 Vierto leche en un bol.

2 Añado fermento láctico (se encuentra en la farmacia). O bien añade un yogur, que ya lo lleva.

3 ¡Gracias a 2 microbios que contiene, este polvo (o el yogur) transformará la leche en yogur!

4 Vierto la mezcla en tarros de cristal.

5 Después los caliento en la yogurtera durante una noche.

6 Gracias al calor, nuestros 2 microbios se multiplican, espesan la leche y le dan el sabor ácido del yogur.

7 ¡Cuidado! La temperatura preferida de los microbios es de 43 °C. Si se calienta más, mueren y adiós yogur.

¡ÑAM!

8 A la mañana siguiente, los yogures están firmes. Los pongo en la nevera para conservarlos y detener el trabajo de los microbios.

¡Te toca a ti!

Indica los alimentos que son productos lácteos, como los yogures.

la nata

el queso gruyer

la galleta

la mantequilla

el queso camembert

las peladillas

la compota de manzanas

el requesón

Respuesta: la nata, el queso gruyer, la mantequilla, el queso camembert, el requesón.

 15

¿De dónde sale la leche?

¡La fabrico yo para alimentar a mi becerro!

la ubre

la ordeñadora

Mañana y tarde, Hugo, el granjero, ordeña a su vaca Adelina. Su leche va por los tubos...

¡Corre, veamos adónde va!

En la granja

Llega a un gran depósito
donde se conserva
en frío para que no se estropee.

Dos veces a la semana, un camión cisterna
viene a buscar la leche a la granja y
la transporta a una fábrica, la lechería.

En la lechería

Calientan la leche a una
temperatura muy alta para matar
los microbios y conservarla.

Se retira toda la nata de la leche,
haciéndola girar muy deprisa
en una máquina.

Después se añade la nata,
según se quiera la leche
semidesnatada o entera.

En botellas

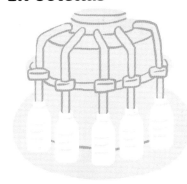

leche entera
leche semidesnatada
leche desnatada

¡Al final la leche
se pone en botellas...

listas para ser repartidas a las tiendas!

17

¿De dónde sale la miel?

Tienes miel en tu tarro gracias a mí, la abeja 49, y a mis 19.999 colegas.

las colmenas

La abeja 49 liba las flores: recolecta el néctar, el jugo dulce de las flores, con su lengua.

¿Adónde va? ¿La seguimos y la observamos?

18

En la colmena

 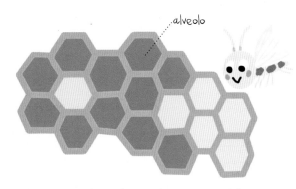

alveolo

Esta abeja pasa el néctar a la abeja 193, que lo pasa a la abeja 97. Pasándolo de «boca en boca», el néctar se convierte en miel.

La abeja 97 coloca la miel en una celda. Cuando la celda está llena, la cierra con cera.

La recolección

ahumador

Todas las celdas están llenas. Vicente, el apicultor, se pone un traje especial para recolectar la miel sin que le piquen las abejas.

Vicente echa humo en la colmena para que las abejas se aparten mientras retira los panales de miel.

En la mielería

En la mielería, Vicente retira los tapones de cera de las celdas.

Hace girar los panales en una centrifugadora para extraer la miel.

La miel se filtra y se conserva en una cuba antes de ponerla en tarros.

Cierto o falso

Las abejas comen miel.

Cierto. La miel sirve de alimento a las abejas en invierno, cuando ya no hay flores.

19

¿De dónde sale la sal?

1 El agua que viene del mar inunda las **marismas.** Calentada por el sol, el agua disminuye poco a poco, ya que una parte se **evapora.**

¡De estas salinas! ¿Listos para visitarlas?

2 En verano, el agua llega a las **eras.** La sal se **deposita en el fondo**. Tolo la retira hacia el borde.

Tolo, el salinero

3 Tolo deposita la sal en pequeños montones para que se **escurra.**

¡Puag! ¡Esta agua es muy salada!

Con lupa

Encuentra en la imagen grande:

el rastrillo

la avoceta común

la garza real

5 En otoño llevan la sal gorda a la fábrica. Se pone en sacos o se **muele** para obtener sal fina.

4 Cuando la sal está bien escurrida, la transportan a un montón grande donde termina de **secarse.**

Chip te explica
la evaporación

El agua pasa de ser un líquido a ser un gas, y va hacia el aire: entonces se dice que se evapora.

Gracias al sol y al viento me secaré pronto.

la garceta común

la carretilla

el salicor

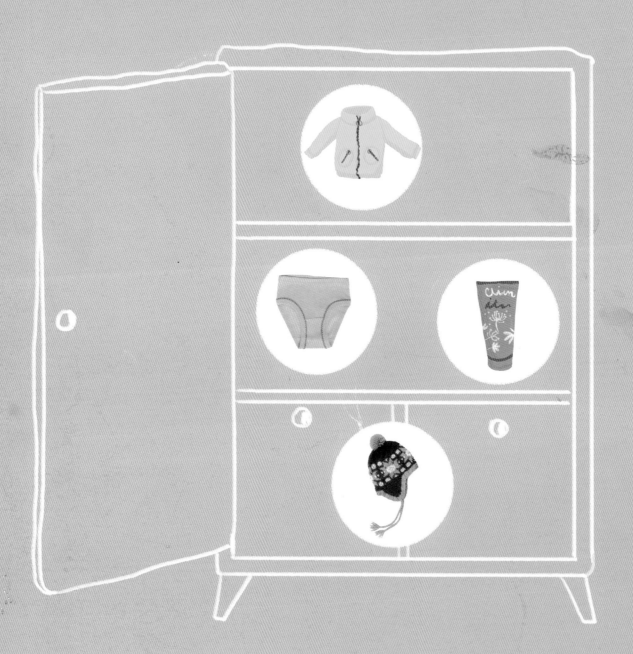

¿De dónde sale el algodón de mi camisa?

1

Me recolectan cuando estoy muy maduro, a mano o con una máquina grande.

De mí: soy el fruto de un arbusto, el algodonero.

¡Qué suave!

2 Se separan los pelillos blancos, o fibras, de las semillas a los que están pegados.

3 Se desenreda el algodón para alinear las fibras y formar una larga cinta.

4 Se reúnen varias cintas que se estiran y retuercen para obtener un hilo resistente.

5 Se tejen estos hilos para fabricar un tejido flexible y suave: el algodón.

6 Después de ser blanqueado, se corta el tejido y se cose para hacer una camisa.

¡Te toca a ti!

Encuentra al intruso: no es de algodón.

Respuesta: el gorro de lana.

¿Con qué está hecho mi forro polar?

¡Con las botellas de plástico del cubo de reciclaje!

¿Seguimos al camión de la basura?

test

Para hacer este forro polar, ¿cuántas botellas han sido necesarias: 3, 27 o 512?

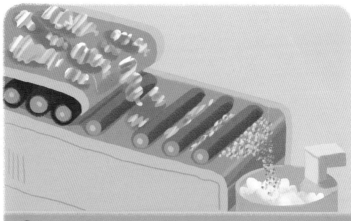

❶ Fíjate en las botellas en la planta de reciclaje. Allí se seleccionan, se trituran y transforman en trocitos de plástico.

2 Se funden los trocitos. La pasta obtenida sirve para hacer hilos de poliéster.

3 En la fábrica textil, una gran máquina tricotosa fabrica el tejido polar con las bobinas de hilo.

4 El polar se tiñe de rojo y pasa por las púas de una máquina para que quede suave.

5 ¡Cortado y cosido, el tejido polar se transforma en una chaqueta muy calentita!

El tejido polar puede fabricarse también con petróleo.

Pero se economiza el petróleo si se utilizan botellas de plástico recicladas.

Para comprender **de dónde viene el petróleo,** ve a la página 102. Para comprender **cómo se hacen los objetos de plástico,** ve a la página 44.

¿De dónde sale la lana de mi bufanda?

¡Beee! De mi lana, que es muy calentita.

Hmm..., ¿cómo se puede fabricar una bufanda con esto?

En invierno, la lana de la oveja es muy espesa y nunca tiene frío.

¡Ups!
¡Estoy desnuda!

¡Tranquila,
te crecerá de nuevo!

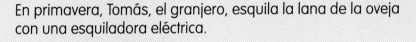

En primavera, Tomás, el granjero, esquila la lana de la oveja con una esquiladora eléctrica.

Se elige la lana según su calidad. ¡La del trasero no vale gran cosa!

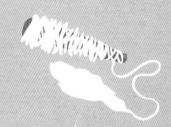

Para retirar la paja, el barro y la grasa, se lava la lana varias veces y después se seca.

Se desenreda la lana con unos rodetes con púas: es el cardado.

La fibra de lana obtenida se estira y se retuerce para hacer hilo.

Cierto o falso

También se puede fabricar lana con la piel de este conejo de angora.

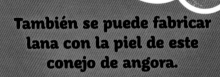

Los hilos de lana se tiñen y se enroscan en ovillos...

¡listos para tricotar!

¿Por qué nos lavamos con jabón?

¡Vamos, a la ducha! ¡Estás llena de barro y grasa de la bici!

Normal, el agua y la grasa no se mezclan nunca.

1 El agua de la ducha quita el barro...

2 Pero resbala por la grasa sin quitarla...

aceite

agua

El jabón es muy especial, porque le gusta el agua y la grasa.

¡Me gusta la grasa!

¡Me gusta el agua!

Esto es una molécula (minúsculo elemento) del jabón.

3 Adela frota su piel con jabón y agua.

¡Ups, me pillaron!

Las moléculas de jabón se pegan por un lado a la grasa y por el otro al agua.

4 La grasa se separa de la piel.

¡Hasta la vista!

¡El jabón se va con el agua... y con la grasa!

5 Adela se enjuaga. ¡Está bien limpia!

Indica todo lo que sirve para limpiar.

el champú

la pintura

el detergente

el gel de ducha

la confitura

el lavavajillas

El entretenimiento

¿Quién ha hecho mi libro?

¡Un montón de gente ha trabajado mucho para hacerme bonito e interesante! Sí, sí...

¡Je, je, yo también soy bonito!

1

La autora me inventó. Se documentó, creó mis personajes y después escribió mi texto.

3 La diseñadora gráfica me maquetó: colocó los textos y las imágenes, eligió los colores, la forma de las letras...

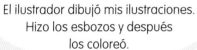

2 El ilustrador dibujó mis ilustraciones. Hizo los esbozos y después los coloreó.

4 La editora lo dirigió todo. Revisó y corrigió los textos, supervisó las ilustraciones y la maqueta, como un director de orquesta.

5 El impresor me imprimió en una gran máquina a 4 colores: rojo, azul, amarillo y negro.

6 El encuadernador plegó, cosió y después cortó mis páginas antes de pegarlas a mis tapas.

test

¿Tu libro se vende en una librería o en una biblioteca?

¿Cómo se fabrica el papel?

¡Con la madera de los árboles!
Veamos cómo...

1 Se quita la corteza de la madera, después se tritura en copos, en trozos diminutos.

2 Se calientan los copos con agua y productos químicos en una cuba.

Este producto blanquea la pasta

3 Se obtiene pasta de papel, que se lava y se filtra.

4 La pasta se vierte en una cinta transportadora. El exceso de agua se escurre.

5 Se presiona entre los rodillos de una gran máquina que succiona el agua.

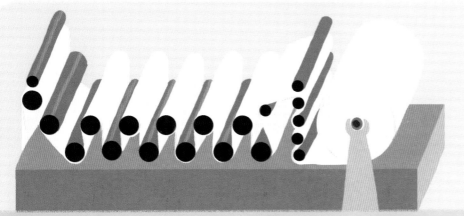

6 Pasa por rodillos calientes que la secan.

7 Forma una hoja inmensa que se enrolla en una bobina.

El papel también se puede fabricar con papeles viejos. Así no es preciso talar más árboles. ¡Es el papel reciclado!

¡Te toca a ti!

Indica los objetos hechos con papel.

el sobre

el lápiz

el periódico

la llave

el papel higiénico

el paquete de cereales

el globo

Respuesta: el sobre, el periódico, el papel higiénico, el paquete de cereales.

37

¿Cómo se mueven las imágenes de los dibujos animados?

¡Veamos cómo Pekemán, un superhéroe, consigue levantar los brazos!

1 La animadora dibuja la primera imagen en la que Pekemán tiene los brazos caídos y aspecto triste…

2 … y la del final, donde levanta los brazos y sonríe.

3 Después, dibuja las imágenes del medio: cada una es un poco distinta a la anterior.

4 Seguidamente, registra todas las imágenes de Pekemán en un ordenador, que las hace desfilar muy deprisa, unas tras otras.

Para dar la impresión de que Pekemán levanta los brazos, tienen que pasar 24 imágenes por segundo.

5 Finalmente, la animadora colorea a Pekemán y después le añade un decorado alrededor.

Pon las imágenes en orden para que parezca que Pekemán se quita el sombrero.

a

b

c

Respuesta: a, c, b.

39

¿Cómo funciona la bici?

Te apoyas en **los pedales** y la cadena da vueltas.

1

el sillín

la válvula

¡La cadena arrastra **la rueda trasera** y la bici avanza!

2

el neumático

los radios

la cadena

Giras **el manillar** a la derecha
o la izquierda para dirigirte.

3

el timbre

¡ring!

¡ring!

4

Para frenar, aprietas
la palanca del freno.
Esta tira de los cables unidos
a las pastillas de freno que aprietan
la rueda por ambos lados
y la bloquean.

el cable del freno

el cuadro

la pastillas de freno

En el interior del neumático,
la cámara de aire amortigua
las sacudidas.

¿Cómo se hace un balón de fútbol?

1

Me fabrican con «falso cuero», un material sintético que no se encuentra en la naturaleza.

¿Has contado cuántos trozos tengo? ¡Tengo 32!

2

Pentágono
(5 lados)

Hexágono
(6 lados)

En estas «hojas» de falso cuero
se cortan 30 hexágonos
y 12 pentágonos.

3

Se cosen estos 32 trozos con una aguja
especial curvada, pero se deja
una obertura...

1, 2, 3, 4...

4

la cámara

... para poder volverla del derecho y después
introducir la cámara, una especie de
«bolsa» que se llenará de aire.

test

5

¡Y, finalmente, me hinchan!
Gracias al aire que contengo podré
rebotar un montón de veces...

**¿Chuto el balón
o chuteo el balón?**

Respuesta: chuto el balón

43

¿Cómo se fabrica una pala de plástico?

Con este líquido negro y viscoso: el petróleo.

Si quieres saber de dónde viene el petróleo, ve a la página 102.

gas

gasolina

nafta

1 En la refinería se calienta el petróleo para obtener gasolina, gas y también nafta, un líquido que sirve para hacer plástico.

2 En la central petroquímica se calienta la nafta en una especie de enormes ollas a presión.

Se obtienen gránulos de plástico

3 Los gránulos se cargan en un camión cisterna. Dirección: ¡la fábrica de juguetes!

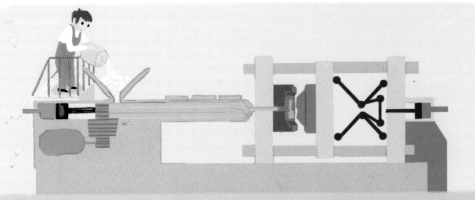

4 Los gránulos se calientan y mezclan con colorante.

5 El plástico caliente se vuelve líquido. Un pistón lo empuja...

6 ... hacia un molde de acero que tiene forma de pala.

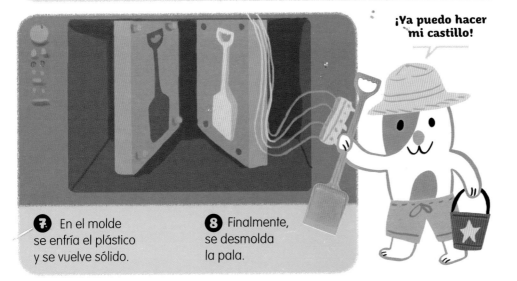

¡Ya puedo hacer mi castillo!

7 En el molde se enfría el plástico y se vuelve sólido.

8 Finalmente, se desmolda la pala.

Encuentra al intruso: no es de plástico.

la bolsa

las sandalias

los guantes

el bolígrafo

la silla

el patito de baño

las piezas de construcción

el vaso

Respuesta: los guantes de lana.

¿Cómo funciona mi coche teledirigido?

la antena

el control remoto

la antena

¡Recibo la orden de acelerar y BRUUM, allá voooy!

STOP

Para que funcione...

Tanto el coche como el control remoto tienen pilas cargadas. El botón del coche tiene que estar en «ON».

El control remoto está configurado para dirigir un solo coche.

¿Cómo funciona?

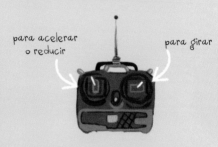

para acelerar o reducir

para girar

Los mandos sirven para dar órdenes al coche. Estas órdenes se «traducen» en señales.

Estas señales son enviadas por la antena del control remoto y recibidas por la del coche.

En el coche, los motores obedecen estas señales: accionan el acelerador o la dirección.

No funciona...

El coche ya «no obedece» porque las ondas del control remoto no atraviesan el sofá.

Cuando el coche está demasiado lejos, las ondas no pueden alcanzarle.

Cierto o falso

Con un control remoto también pueden dirigirse aviones de verdad.

Cierto. Estos aviones sin piloto se llaman drones

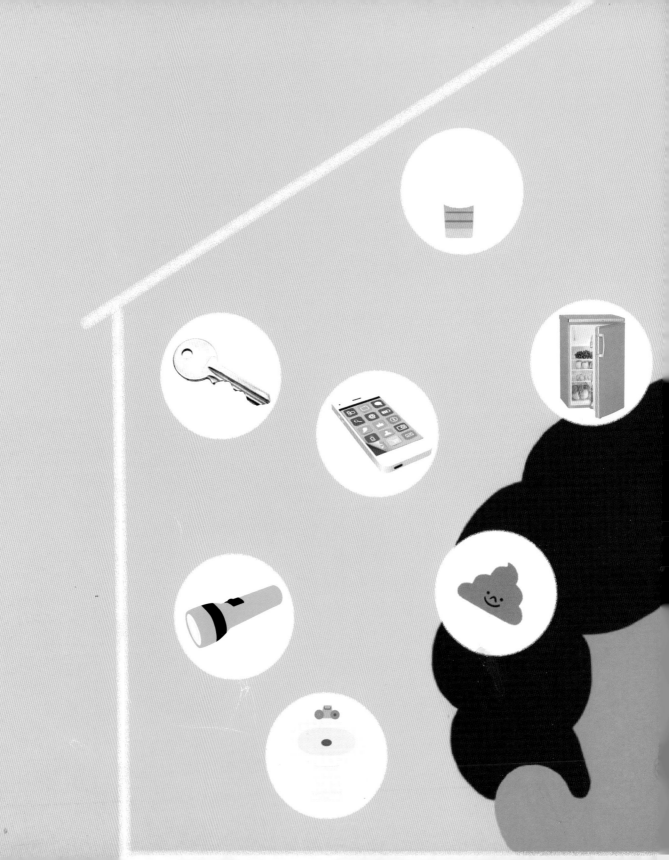

En casa

¿Cómo se abre una puerta con llave?

¡Je, je, qué fácil! ¡Tiene que ser la cerradura adecuada!

Veamos...

La llave y la cerradura son como dos piezas de un puzle que encajan.

¡Está cerrado!

¡Está cerrado con llave! El pestillo bloquea la puerta.

el pasador

el cilindro

el pestillo

el pestillo

En la cerradura, el cilindro está bloqueado por pequeñas piezas, los pasadores, que impiden que gire.

¡Entra y gira!

La llave entra en la cerradura: los «dientes» de la llave empujan los pasadores hacia arriba.

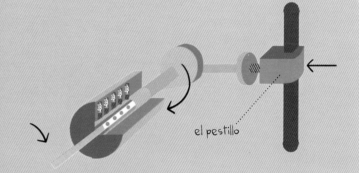

el pestillo

La parte superior de los pasadores verdes está perfectamente alineada. El cilindro gira con la llave y tira del pestillo.

¡Ya está abierto!

El pestillo ya no bloquea la puerta y se puede abrir.

test

Esta llave puede abrir varias cerraduras. ¿Es una llave maestra o una llave inglesa?

Respuesta: una llave maestra

¿Cómo funciona la linterna?

Pulsando **el interruptor** conectas todos los elementos (las láminas de metal, las pilas, la bombilla). La electricidad circula por el circuito cerrado.

2

La linterna usa la electricidad de **las pilas** para hacer luz. ¡Las pilas tienen que colocarse en la posición correcta!

1

la lámina de metal

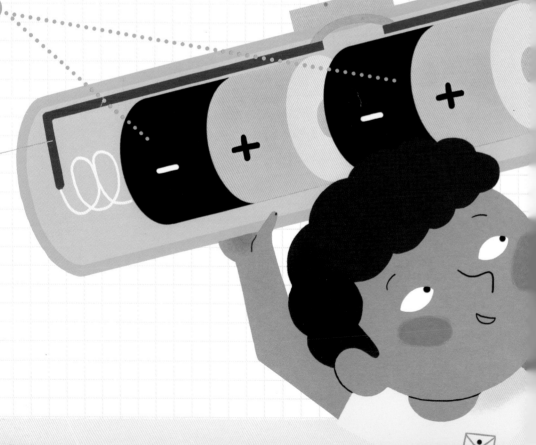

En **la bombilla LED,**
unos diodos emiten luz cuando
la electricidad los atraviesa.

3

Para apagarla, se pulsa
el interruptor en el otro sentido.
La electricidad ya no circula.

4

El reflector,
una especie de espejo
que rodea la bombilla, hace que
el haz de luz sea más potente.

experimenta

**Toma una pila plana, una
bombilla y diviértete con este
experimento. ¡Es luminoso!**

¿Cómo va la luz del interruptor a la bombilla?

¡Gracias a la electricidad que circula por los cables ocultos en las paredes!

1 Cuando pulsamos el interruptor, unimos las dos partes del cable rojo: la electricidad circula hasta la bombilla.

Los cables son de cobre. La electricidad circula muy bien por este metal. El plástico que los recubre no es conductor de electricidad. ¡Así es más seguro para el electricista!

Con lupa

Encuentra en la imagen grande:

la bombilla apagada

el enchufe

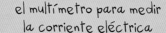
el multímetro para medir la corriente eléctrica

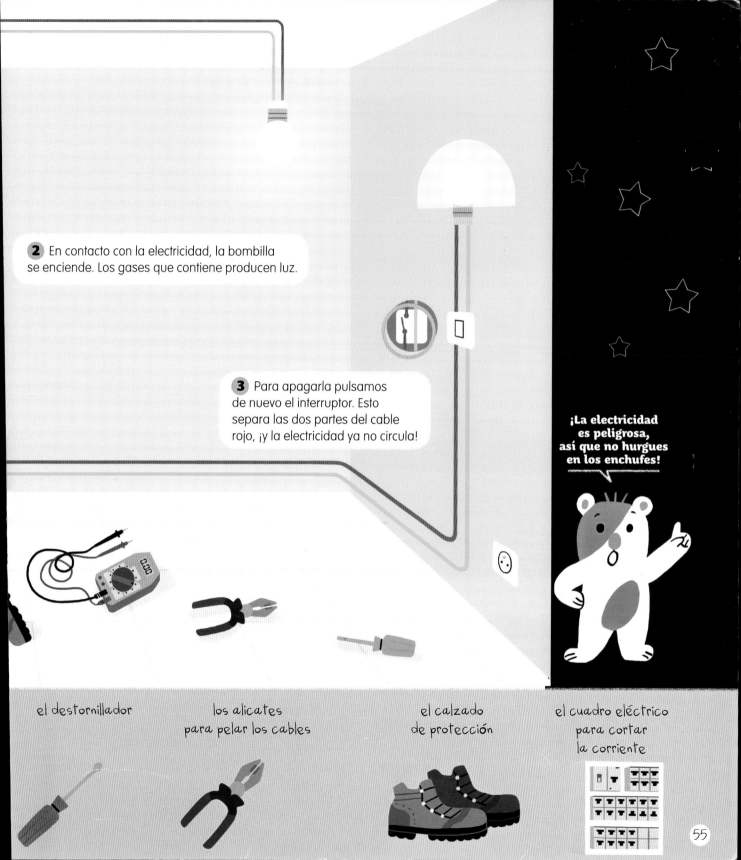

2 En contacto con la electricidad, la bombilla se enciende. Los gases que contiene producen luz.

3 Para apagarla pulsamos de nuevo el interruptor. Esto separa las dos partes del cable rojo, ¡y la electricidad ya no circula!

¡La electricidad es peligrosa, así que no hurgues en los enchufes!

el destornillador

los alicates para pelar los cables

el calzado de protección

el cuadro eléctrico para cortar la corriente

55

¿De dónde sale la electricidad?

el transformador

el contador eléctrico

3 ... o bien suspendidos en **postes.**

1 La corriente eléctrica llega a casa por **dos cables** enterrados en el suelo.

2 En la calle, la corriente circula por **cables** enterrados...

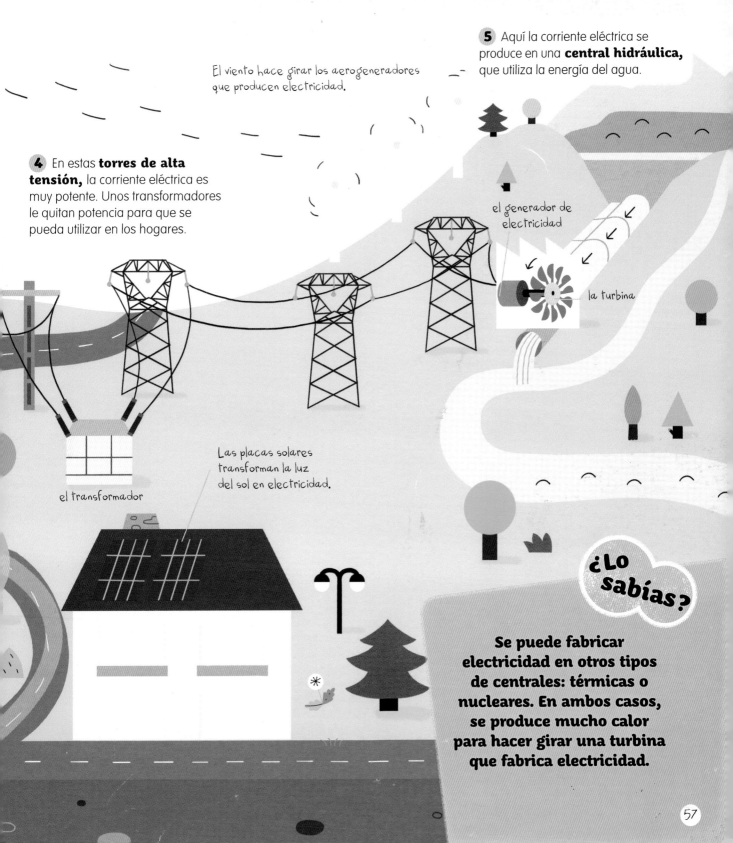

El viento hace girar los aerogeneradores que producen electricidad.

5 Aquí la corriente eléctrica se produce en una **central hidráulica,** que utiliza la energía del agua.

el generador de electricidad

la turbina

4 En estas **torres de alta tensión,** la corriente eléctrica es muy potente. Unos transformadores le quitan potencia para que se pueda utilizar en los hogares.

el transformador

Las placas solares transforman la luz del sol en electricidad.

¿Lo sabías?

Se puede fabricar electricidad en otros tipos de centrales: térmicas o nucleares. En ambos casos, se produce mucho calor para hacer girar una turbina que fabrica electricidad.

¿Cómo funciona una aspiradora?

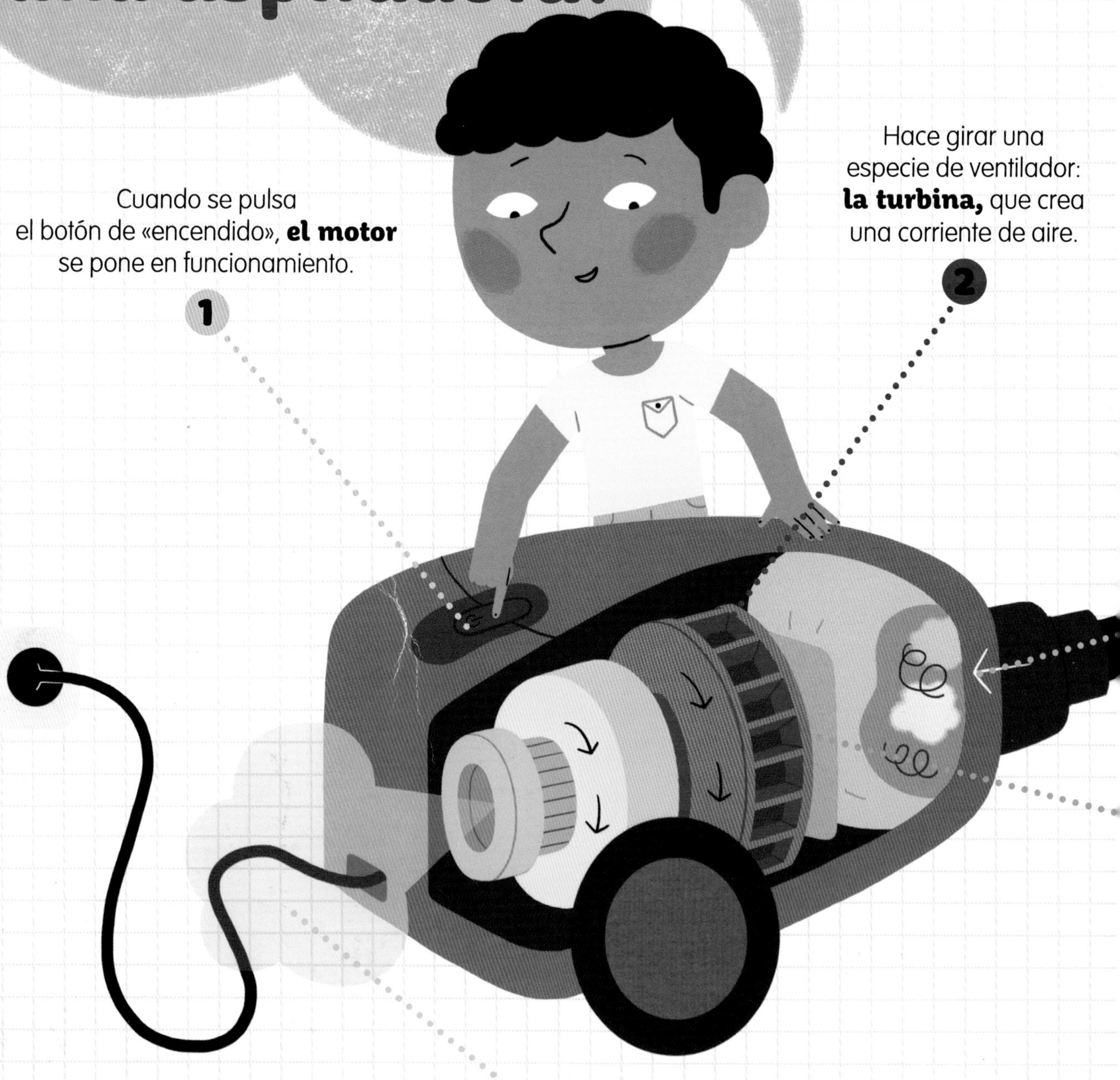

Cuando se pulsa
el botón de «encendido», **el motor**
se pone en funcionamiento.

1

Hace girar una
especie de ventilador:
la turbina, que crea
una corriente de aire.

2

La aspiradora necesita electricidad
para funcionar.

6 El aire enfría el motor
y sale.

El tubo de **succión** aspira el aire exterior y el polvo que pasa por el tubo.

3

¡Cuidado por delante!

4

La bolsa de papel, con agujeros minúsculos, retiene las partículas de polvo grandes y deja pasar el aire.

5

El filtro atrapa el polvo más pequeño para que no entre en el motor.

Cierto o falso

Existen robots aspiradores que limpian solos.

Cierto. Gracias a sus sensores estos aspiradores evitan los obstáculos.

59

¿Por qué ponemos los alimentos en la nevera?

¡Vamos, Manuel, guardemos la compra!

1 ¡La harina no se guarda en la nevera! Se conserva bien en el armario.

2 Estos alimentos van a la nevera. Se estropean pronto cuando no están en frío.

3 En el armario, el pollo se llenaría de microbios. Si lo comieras te pondrías enfermo.

4 En la nevera, el frío impide que los microbios se desarrollen deprisa.

Peso neto
1.249 Kg
Fecha de caducidad
3/09/14

5 El pollo se conserva más tiempo... Hasta la fecha de caducidad escrita en la etiqueta.

¿De dónde sale el frío del frigo?

6 De este tubo, lleno de un producto refrigerante, oculto en las paredes de la nevera.

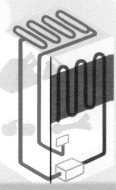

¿Y si guardo el pollo en el congelador?

7 Podrás conservarlo varios meses. En el congelador hace tanto frío que los microbios ya no se desarrollan.

¡Te toca a ti!

Indica los alimentos que deben ir a la nevera.

el pescado

la hamburguesa

los guisantes en conserva

el pan

la mantequilla

el queso fresco

el cacao en polvo

la piruleta

¿Cómo funciona la tostadora?

Al bajar **la palanca,** se apoya en un interruptor que permite que la corriente eléctrica circule por la tostadora.

1

el termostato

2

La electricidad atraviesa **el electroimán.** Retiene el resorte y la rebanada sigue dentro.

el interrupto

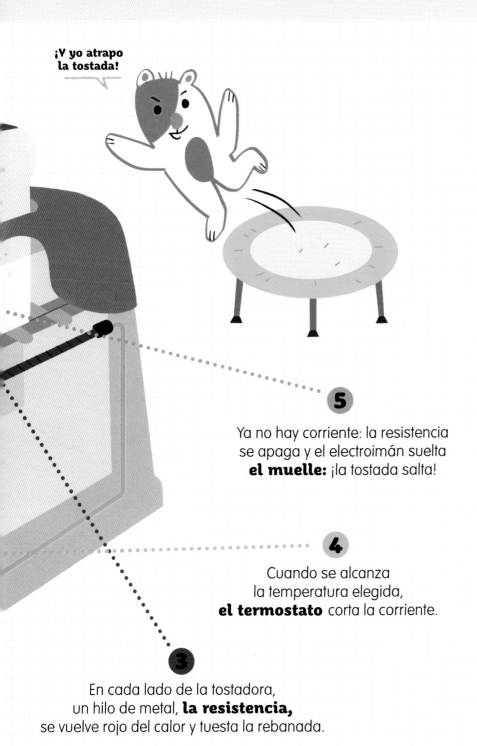

¡Y yo atrapo la tostada!

5

Ya no hay corriente: la resistencia
se apaga y el electroimán suelta
el muelle: ¡la tostada salta!

4

Cuando se alcanza
la temperatura elegida,
el termostato corta la corriente.

3

En cada lado de la tostadora,
un hilo de metal, **la resistencia,**
se vuelve rojo del calor y tuesta la rebanada.

¡Te toca a ti!

Indica los objetos
que funcionan
con electricidad.

el secador de pelo

la cafetera

el batidor

el hervidor

el rodillo pastelero

el cepillo
del pelo

la batidora
eléctrica

¿De dónde viene el agua del grifo?

1 En la casa, el agua circula **por tuberías.** Hay una tubería para el agua fría y una para el agua caliente... que llegan hasta el grifo.

¡mmm, deliciosa!

2 **El calentador** calienta el agua.

3 El agua fría llega a casa por **una tubería grande** enterrada en el suelo...

Con lUpa

Señala en la casa todo lo que consume agua.

la bañera

el lavabo

la ducha

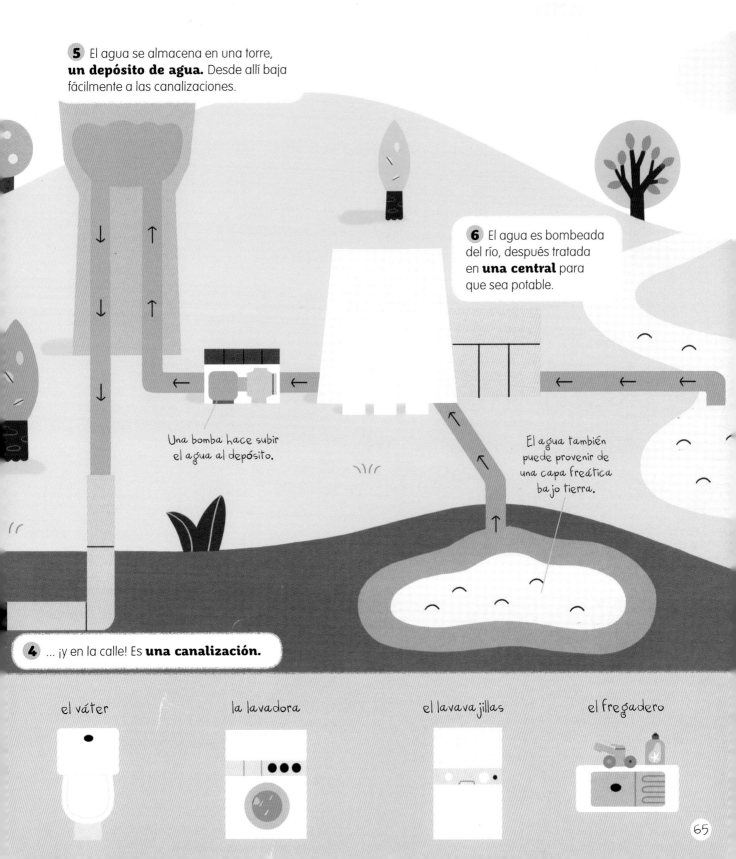

5 El agua se almacena en una torre, **un depósito de agua.** Desde allí baja fácilmente a las canalizaciones.

6 El agua es bombeada del río, después tratada en **una central** para que sea potable.

Una bomba hace subir el agua al depósito.

El agua también puede provenir de una capa freática bajo tierra.

4 ... ¡y en la calle! Es **una canalización.**

el váter

la lavadora

el lavavajillas

el fregadero

En casa

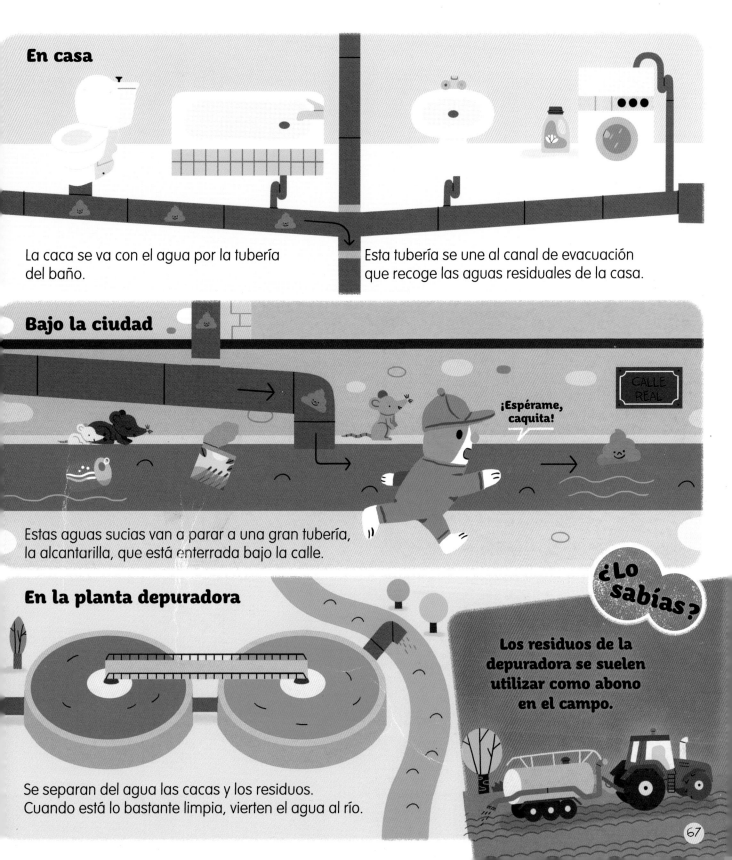

La caca se va con el agua por la tubería del baño.

Esta tubería se une al canal de evacuación que recoge las aguas residuales de la casa.

Bajo la ciudad

CALLE REAL

¡Espérame, caquita!

Estas aguas sucias van a parar a una gran tubería, la alcantarilla, que está enterrada bajo la calle.

En la planta depuradora

¿Lo sabías?

Los residuos de la depuradora se suelen utilizar como abono en el campo.

Se separan del agua las cacas y los residuos. Cuando está lo bastante limpia, vierten el agua al río.

67

¿Cómo limpia la lavadora?

El agua que llega de la tubería pasa por **esta cubeta** y se lleva el detergente.

2

¡Pongo el detergente, elijo el programa adecuado, cierro la puerta y ya está!

El papá de Manuel pulsa **el botón «encendido».** La puerta se bloquea.

1

la puerta

¡Agárrate, conejito de peluche, esto se va a mover mucho!

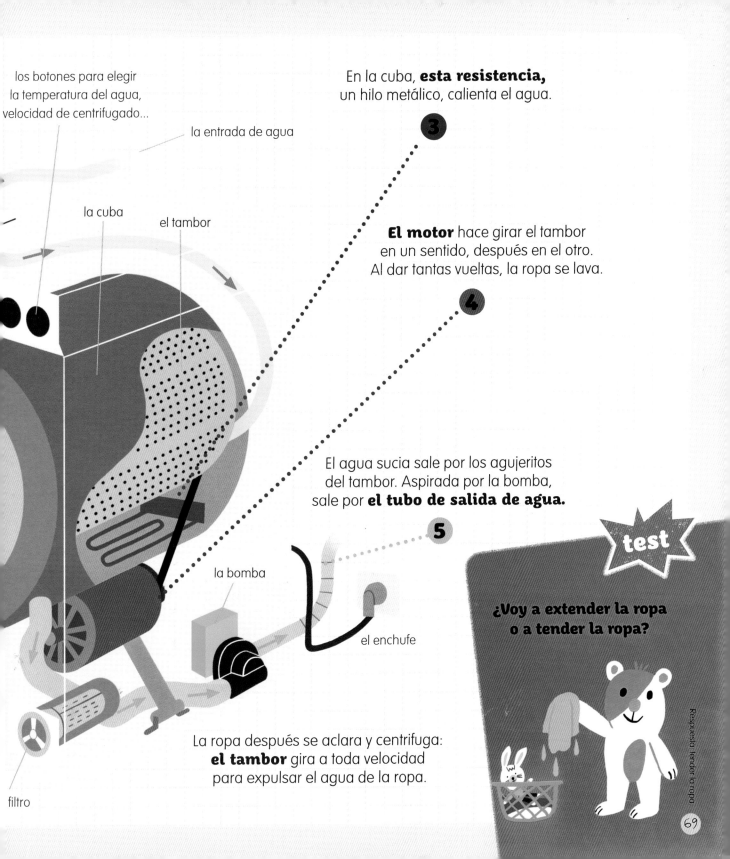

los botones para elegir
la temperatura del agua,
velocidad de centrifugado...

la entrada de agua

En la cuba, **esta resistencia,**
un hilo metálico, calienta el agua.

3

la cuba

el tambor

El motor hace girar el tambor
en un sentido, después en el otro.
Al dar tantas vueltas, la ropa se lava.

4

El agua sucia sale por los agujeritos
del tambor. Aspirada por la bomba,
sale por **el tubo de salida de agua.**

5

la bomba

el enchufe

**¿Voy a extender la ropa
o a tender la ropa?**

La ropa después se aclara y centrifuga:
el tambor gira a toda velocidad
para expulsar el agua de la ropa.

filtro

Respuesta: tender la ropa

¿Cómo funciona el teléfono móvil?

2 **La antena de la estación base** más cercana capta las señales.

la antena

Hola, ¿dónde estás?

1 En el teléfono, la voz del papá de Manuel se transforma en **señales** capaces de desplazarse por el aire.

En la ciudad hay antenas un poco por todas partes. Si el papá de Manuel se desplaza, las señales serán captadas por otra antena.

4 Las señales llegan **al control de conmutación,** un gran ordenador que detecta la antena más cercana a la mamá de Manuel.

el control de conmutación

3 En la antena, las señales se transforman para poder viajar por **cables.**

5 **La antena** recibe las señales y las transforma en señales capaces de viajar por el aire...

¡Hola! ¡Ya llego!

test

¿«Moshi moshi» significa «diga» en italiano, japonés o en inglés?

6 ... ¡hasta el teléfono de la mamá de Manuel!

Respuesta en japonés

2

Los humanos crean
programas que me dicen
lo que debo hacer.

3

¡Gracias a estos programas,
puedo escribir, jugar contigo...
o mostrarte unos dibujos
animados!

4

¡Buenos días!

Hello!

Bonjour!

Conectándome a Internet
puedo comunicarme con otros
ordenadores.

5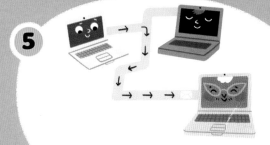

Esto te permite enviar
un mensaje a tu mamá...

6

... o buscar información
sobre ballenas.

test

**¿Utilizo el conejo
o el ratón?**

Respuesta: el ratón

En la ciudad

¿Qué hay debajo de la ciudad?

Veamos...

Los **cables y tuberías** que llevan la electricidad, el gas y el agua a los edificios están enterrados bajo la calle.

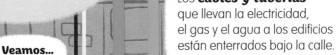

el cable eléctrico
⚙️ **Para saber más,** ve a la página 56.

la canalización del gas

el cable de teléfono, televisión e Internet

la canalización de las aguas residuales

la canalización del agua corriente
⚙️ **Para saber más,** ve a la página 64.

Las alcantarillas recogen las aguas sucias de las casas y la calle.

⚙️ **Para saber más,** ve a la página 66.

Con lupa

Encuentra en la imagen grande:

la tapa de alcantarilla

la rata

las raíces del árbol

el vehículo de limpieza

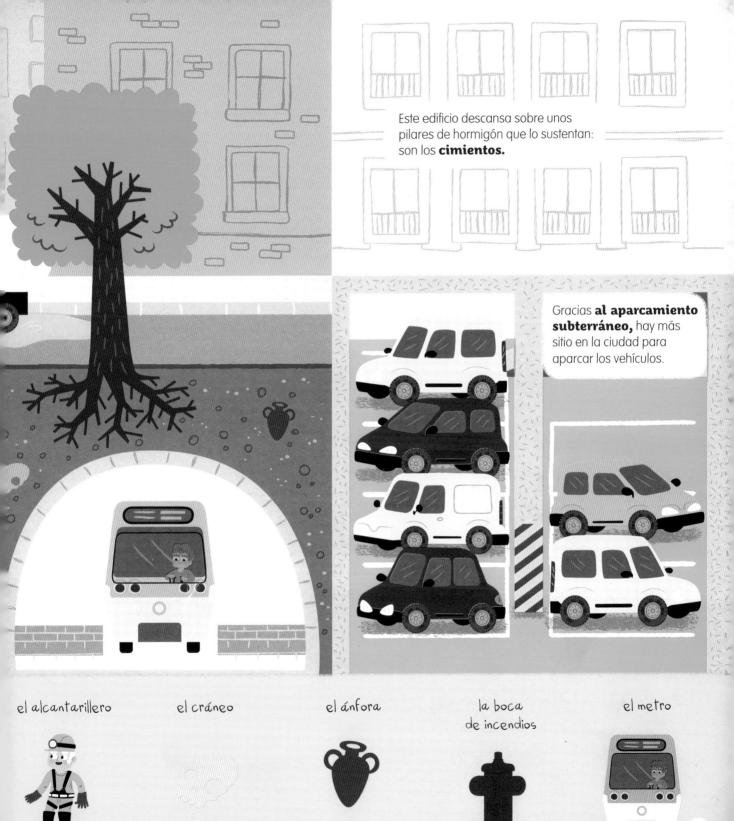

Este edificio descansa sobre unos pilares de hormigón que lo sustentan: son los **cimientos.**

Gracias **al aparcamiento subterráneo,** hay más sitio en la ciudad para aparcar los vehículos.

el alcantarillero

el cráneo

el ánfora

la boca
de incendios

el metro

¿Cómo funciona la grúa?

la contrapluma

la pluma

la cabina

el gancho

¡Gracias a mí! ¡Soy José, el operario!

la torre

Sigamos a José: ¡empieza su jornada de trabajo!

Algunas grúas tienen ascensor.

Cierto.

el lastre de base para que la grúa no vuelque

¡Arriba!

Subo por la escalera
para entrar en la cabina.

Hago una pausa de descanso:
¡qué vista!

En mi cabina no hay lavabo
pero tengo calefacción.

Verificaciones...

Verifico con un anemómetro que no haya
demasiado viento. Si no, vuelvo a bajar.

Compruebo que los cables estén bien
enrollados y que todo funcione.

¡A trabajar!

Con una palanca muevo
la pluma y desplazo el gancho
por el riel.

Con la otra, hago bajar
el gancho para luego
levantar las cargas.

Abajo, los obreros me guían
por walkie-talkie o con gestos.

¿Cómo se hace una carretera?

1 Se cortan los árboles con motosierras. El buldócer aparta lo que bloquea el paso.

2 Una excavadora quita una espesa capa de tierra por donde va a pasar la carretera.

3 La niveladora y la apisonadora aplanan el terreno.

4 El camión volquete vierte una primera capa de grava que el buldócer extiende.

5 La niveladora aplasta esta capa para que sea más sólida.

Esta «alfombra negra» es una mezcla caliente de arena, grava y asfalto.

6 La pavimentadora extiende el hormigón.

7 La apisonadora lo aplasta varias veces.

8 Finalmente se pintan las marcas en el suelo y se colocan las señales.

¡Te toca a ti!

Indica la máquina que no está en las imágenes.

A

B

C

D

Respuesta: B

81

¿Quién acciona los semáforos?

¡Un ordenador oculto en este armarito verde!

1 **El semáforo** se pone rojo, después verde y después ámbar... ¿El verde siempre dura lo mismo? ¡No necesariamente!

2 En la carretera, **unos cables** captan el paso de un vehículo y envían información al ordenador.

Con **lupa**

Encuentra en la imagen grande:

un semáforo verde

un semáforo rojo

el carril bici

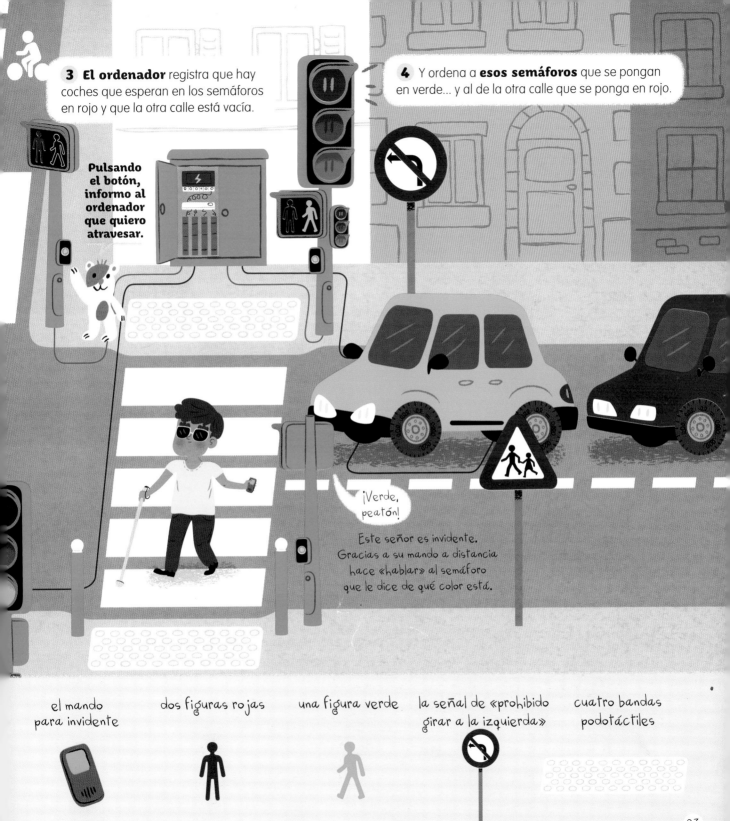

3 **El ordenador** registra que hay coches que esperan en los semáforos en rojo y que la otra calle está vacía.

4 Y ordena a **esos semáforos** que se pongan en verde... y al de la otra calle que se ponga en rojo.

Pulsando el botón, informo al ordenador que quiero atravesar.

¡Verde, peatón!

Este señor es invidente. Gracias a su mando a distancia hace «hablar» al semáforo que le dice de qué color está.

el mando para invidente

dos figuras rojas

una figura verde

la señal de «prohibido girar a la izquierda»

cuatro bandas podotáctiles

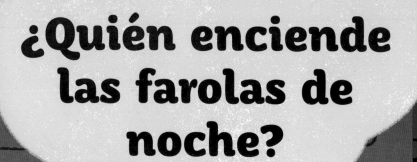

¿Quién enciende las farolas de noche?

Este armarito controla todas las farolas del barrio.

1 **El sensor** capta que ya no hay luz. Envía información al armario del alumbrado.

2 En **el armario del alumbr**... un reloj acciona un interruptor y h... que las farolas se enciendan entr... las 16 h y las 9 h.

Son las 17 h... Las farolas pue... encenderse...

Con lUpa

Encuentra en la imagen grande:

dos farolas solares

la grúa con cesta para reparaciones

dos mojones luminosos

4 Llega a **las bombillas** que se encienden.

¡Por la mañana, cuando ya es de día, el sensor comunica al armario de alumbrado que es hora de apagarlas!

3 La electricidad circula por **los cables subterráneos** hasta las farolas.

el sensor de luz

el proyector

el armario de alumbrado

la decoración navideña

¿Cómo funciona el cajero automático?

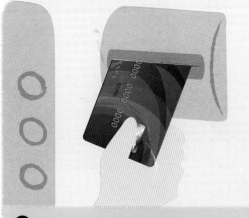

❶ La mamá de Luciano introduce la tarjeta de crédito en la ranura del cajero.

❷ Después marca su código secreto en el teclado.

nº 7836654774147 – código 2568

¡Correcto!

❸ El cajero «habla» con el ordenador del centro de control. Este reconoce la tarjeta.

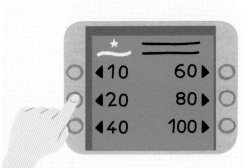

4 La mamá de Luciano elige 20 € en la pantalla del ordenador.

5 El ordenador del centro de control pregunta al banco de mamá.

¿Qué dice el banco?

20 €, ¿correcto?

¡Ok, tiene suficiente dinero!

la ranura de salida de los billetes

los cajones donde se guardan ordenados los billetes

6 Los billetes guardados en cajones en la parte inferior del cajero suben hasta la ranura.

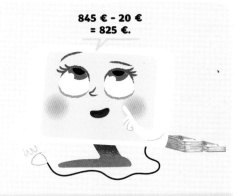

845 € – 20 € = 825 €.

7 El ordenador del banco de mamá de Luciano registra que tiene 20 € menos.

8 El cajero devuelve la tarjeta de crédito, da los billetes e imprime un recibo.

test

¿En la tarjeta de crédito hay un chip o un pin?

Respuesta: un chip

87

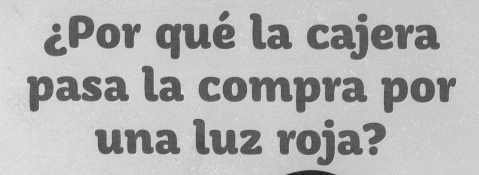

¿Por qué la cajera pasa la compra por una luz roja?

¡Esta luz es un rayo láser y lee el código de barras!

TOGODO 2,50

la caja

el código de barras

¡bip!

el escáner

la impresora

el lector de tarjetas d crédito

88

¿Qué es el código de barras?

Código de barras y escáner

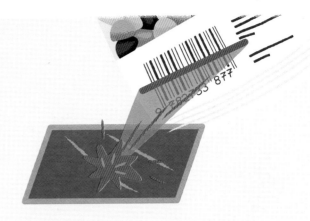

El código de barras está hecho de rayas blancas y negras y cifras. Se encuentra en todos los productos.

El escáner envía un rayo láser al código de barras para leerlo.

La caja

2,50 €

TOGODO 2,50

La caja envía el código al ordenador central del supermercado. Este busca en su lista y reconoce el paquete de caramelos.

El nombre y el precio del paquete de caramelos se muestran en la pantalla de la caja. Se imprimen en el recibo.

¿Y después?

¡Necesito 1.863 bolsas de caramelos Togodo!

¡Los recibirá mañana!

El ordenador central registra la venta de la bolsa de caramelos y decide que es hora de encargar más.

¡Te toca a ti!

Encuentra el código de barras de este libro.

¿Qué viaje hará la carta para el abuelo?

Abuelo Martín Pardo
Calle de las Alondras, nº 25
46000 Valencia (España)

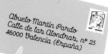

¿Has escrito la dirección en el sobre y le has pegado un sello? Pues échala al buzón.

1 El cartero abre el buzón y recoge el correo que hay dentro.

2 Lleva la carta al centro de recogida del correo.

3 La carta viajará en camión al centro de clasificación.

4 Allí la clasifican con las cartas del mismo tamaño que van a la misma región del país.

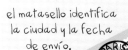

el matasello identifica la ciudad y la fecha de envío.

Abuelo Martín Pardo
Calle de las Alondras, nº 25
46000 Valencia (España)

el código de barras indica la calle y la ciudad del abuelo.

5 Se marca con un matasello y se le imprime un código de barras naranja.

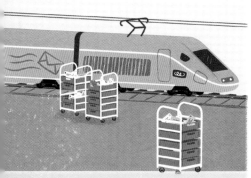

6 La carta del abuelo tomará el tren hacia un gran centro de clasificación.

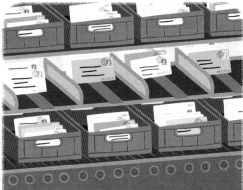

7 Una máquina lee el código de barras y la pone con las cartas que van a la misma ciudad.

Con lupa

Encuentra la carta del abuelo en todas las imágenes

Abuelo Martín Pardo
Calle de las Alondras, nº 25
46000 Valencia (España)

8 En correos de la ciudad del abuelo, la carta se clasifica según la ruta del cartero.

9 La señora cartera lleva la carta al abuelo. ¡Qué contento está!

¿En qué se convierte la basura del camión de la basura?

Soy una piel de plátano y me voy con el camión. ¡Sígueme!

1 Con otros residuos, aterrizo en el contenedor del camión.

¡Adiós! ¡Buen viaje!

2

Una pala nos empuja al fondo. ¡Uy! Una pared nos aplasta para que ocupemos menos espacio.

3

Estamos en una planta de incineración. ¡Aaaah! Nos vierten en una gran fosa.

4

Nos van a quemar en un horno. Con este calor, se hace electricidad o se calientan edificios.

1

5

el filtro

Al quemarse, las botellas de plástico liberan gases peligrosos. ¡Uf! Pero el filtro de la chimenea los detiene.

Indica el objeto que no se debe tirar a la basura.

A

B

C

D

Respuesta: B

¿En qué se convierte la botella que tiramos al contenedor?

Va a ser reciclada. ¡Veamos cómo!

1 Un camión vacía en su volquete el vidrio del contenedor.

2 Después lo lleva a la planta de clasificación. El vidrio volcado forma una montaña inmensa.

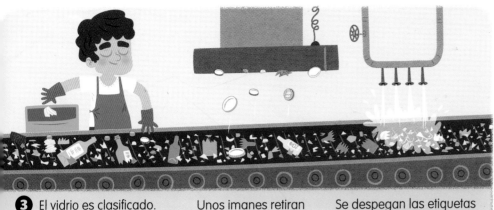

3 El vidrio es clasificado. Se eliminan las botellas de plástico, los cartones…

Unos imanes retiran las tapas o los tapones metálicos.

Se despegan las etiquetas de papel con agua.

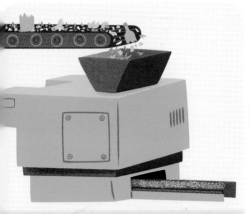

4 Se muele el vidrio en una máquina.

5 Se calientan los trocitos a alta temperatura y se funden.

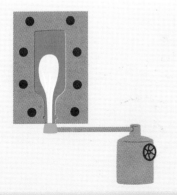

6 Se vierte la pasta de vidrio en un molde y se introduce aire para darle forma de botella.

¡Aquí tenéis una nueva botella!

¡Gracias al reciclaje economizamos mucha energía!

¡Te toca a ti!

Indica qué puedes tirar al contenedor de vidrio

el vaso

el espejo

la botella de cava

el tarro de yogur

la bombilla

la botella de refresco

los trocitos de cristal

Respuesta: el vaso, la botella de refresco, la botella de cava, el tarro de yogur

Los transportes

¿Cómo funciona un coche?

La gasolina que hay en **el depósito** es aspirada hacia el motor.

1

2

En **el motor,** la gasolina se mezcla con aire. Una chispa la inflama y la mezcla explota.

Los gases quemados en el motor salen por **el tubo de escape.**

4

¡Cof! ¡Cof!
¡Qué mal huele!

test

¿El motor está bajo el capó
o bajo la capota?

3 Esta explosión empuja los pistones,
que hacen rodar una barra que mueve
las ruedas de delante (o detrás).
Y el coche se desplaza...

Respuesta: bajo el capó

¿Cómo se conduce un coche?

el retrovisor
para ver qué pasa detrás

el volante

el velocímetro
para controlar
la velocidad

**la palanca
de luces**

¡BRUM
BRUM!

el intermitente
para avisar que giramos

el claxon

el parabrisas

el limpiaparabrisas

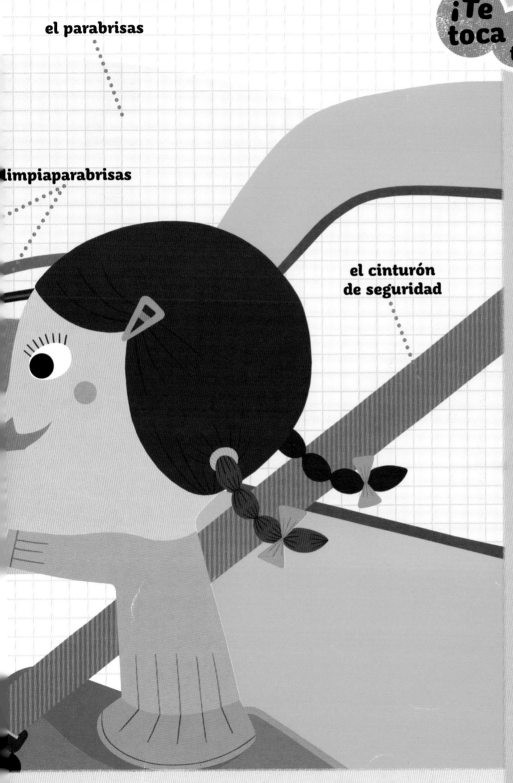

el cinturón
de seguridad

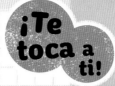

¡Te toca a ti!

Arranca el coche
siguiendo los
detalles de la
imagen grande

1 Gira **la llave
de contacto.**

2 Pisa **el pedal
del embrague...**

3 ... y pon **la
primera marcha.**

4 Quita **el freno de mano.**

5 Suelta **el pedal del
embrague** y pisa **el acelerador.**
Ya está, el coche avanza.

6 ¡Para detenerte
en el semáforo en rojo,
pisa **el freno!**

¿De dónde sale la gasolina?

1 La gasolina que sale del surtidor viene de una **gran tanque** enterrado bajo **la gasolinera.**

2 **Un camión cisterna** llena los tanques.

Je, je, sigamos el rastro de la gasolina para saber de dónde viene...

Con lUpa

Encuentra en la imagen grande:

el pozo

el helicóptero

el submarinista

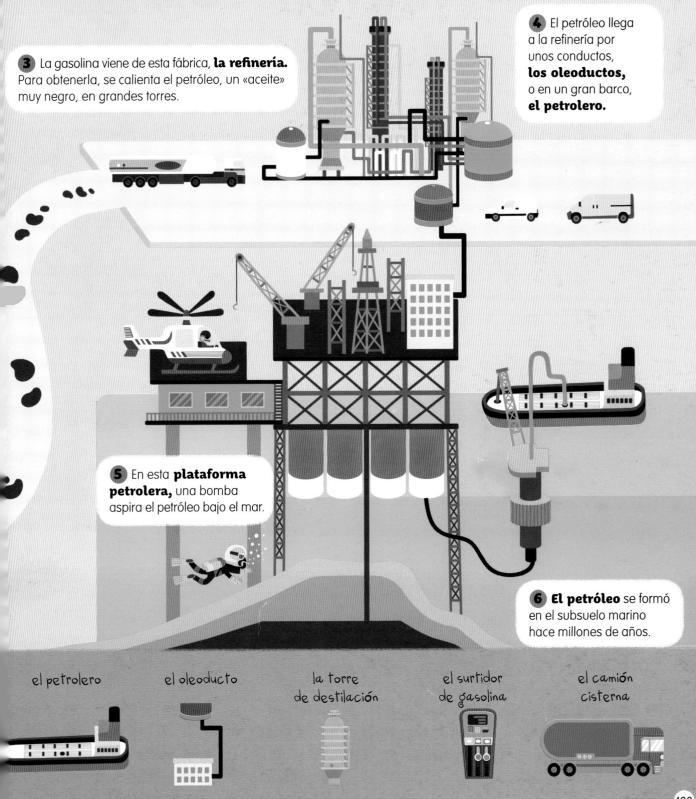

3 La gasolina viene de esta fábrica, **la refinería.** Para obtenerla, se calienta el petróleo, un «aceite» muy negro, en grandes torres.

4 El petróleo llega a la refinería por unos conductos, **los oleoductos,** o en un gran barco, **el petrolero.**

5 En esta **plataforma petrolera,** una bomba aspira el petróleo bajo el mar.

6 **El petróleo** se formó en el subsuelo marino hace millones de años.

el petrolero

el oleoducto

la torre de destilación

el surtidor de gasolina

el camión cisterna

¿Cómo funciona el AVE?

La electricidad viaja por este cable grueso llamado **catenaria,** instalado en todo el recorrido del AVE.

1

El AVE es un tren de alta velocidad que funciona con electricidad.

Este brazo articulado, **el pantógrafo** capta la electricidad de la catenaria.

2

¡Buff!
Este tren va demasiado deprisa...
¡Lo he perdido!

4

Los motores, distribuidos a lo largo del tren, en unas armazones debajo de algunos vagones, están conectados a **unos ejes** que hacen girar las ruedas del tren.

el eje

En la parte delantera, **la cabeza motriz** tira del tren. Detrás hay otra motriz que empuja el tren.

Este enorme **transformador** modifica la corriente eléctrica antes de transmitirla a los motores.

3

¡Gracias a su **morro alargado,** el viento no frena tanto al AVE y así puede viajar muy rápido!

Cabina de conducción

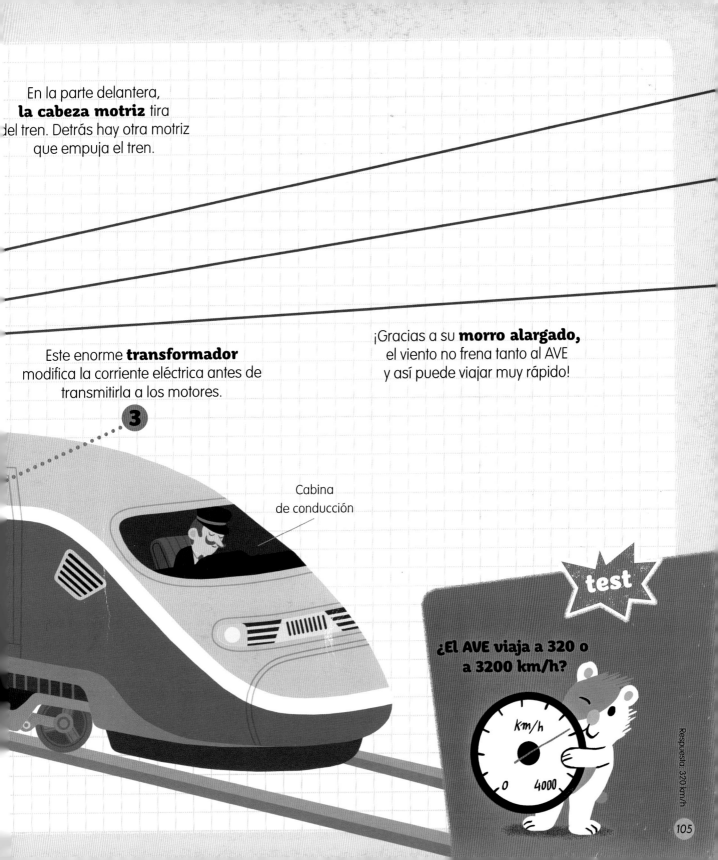

test

¿El AVE viaja a 320 o a 3200 km/h?

km/h

0   4000

¿Qué pasa en un aeropuerto?

El agente de seguridad comprueba que nadie transporte armas u objetos peligrosos

En **la torre de control** los controladores aéreos autoriza el despegue y aterrizaje de los aviones.

¡De viaje a Australia!

la cabina

la pasarela

Con lUpa

Encuentra en la imagen grande

el control de seguridad

los carros portaequipajes

la escalera de embarque

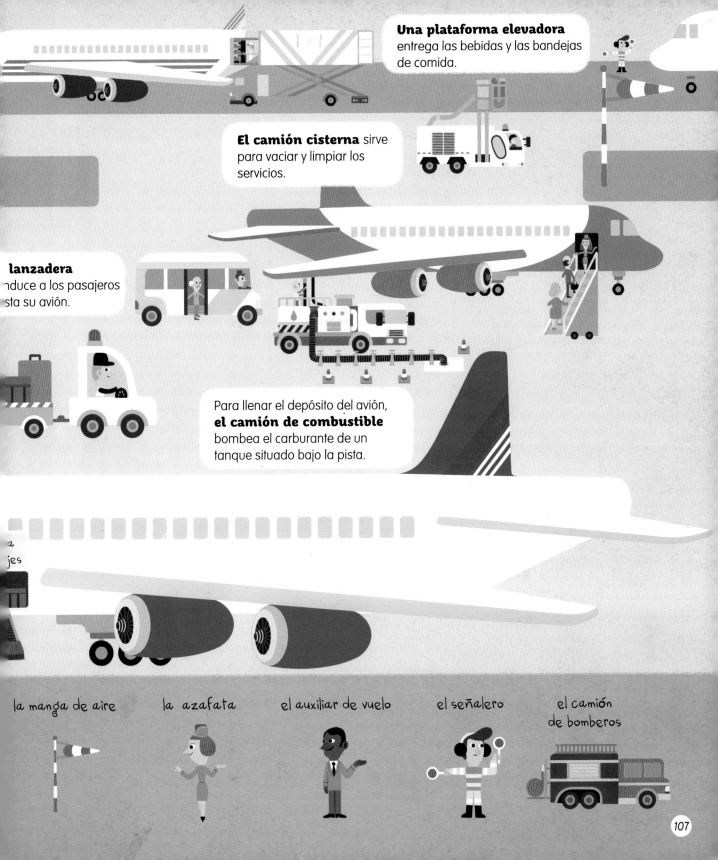

Una plataforma elevadora entrega las bebidas y las bandejas de comida.

El camión cisterna sirve para vaciar y limpiar los servicios.

lanzadera nduce a los pasajeros sta su avión.

Para llenar el depósito del avión, **el camión de combustible** bombea el carburante de un tanque situado bajo la pista.

la manga de aire

la azafata

el auxiliar de vuelo

el señalero

el camión de bomberos

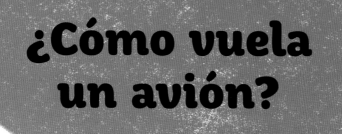

¿Cómo vuela un avión?

El queroseno, el combustible del avión se almacena en las alas

¡Mecachis! ¡No consigo hacer volar mis aviones!

Los trenes de aterrizaje sirven para rodar por la pista. Se repliegan después de despegar y se abren para el aterrizaje.

el estabilizador horizontal

Gracias **al estabilizador vertical** y **al estabilizador horizontal** el avión se aguanta derecho.

el estabilizador vertical

el timón de dirección

Gracias a **los timones** y a **los alerones,** el piloto dirige el avión haciéndole subir, bajar y girar...

el timón de profundidad

En el despegue y en vuelo, el aire que pasa por encima de las alas «aspira» al avión hacia arriba.

los alerones

experimenta

Los turborreactores del avión funcionan un poco como este globo, cuando lo sueltas se eleva.

El avión está equipado con 4 **turborreactores.** los motores expulsan gases hacia atrás para que el avión avance.

¿Cómo navega un velero?

¡Gracias al viento! Cuando navego siempre observo su dirección.

la vela mayor

Con una mano, sujeto **la caña del timón** para dirigir el barco.

1

la bot

Con la otra mano sujeto **la escota** para orientar la vela.

2

la pala del timón

la orza

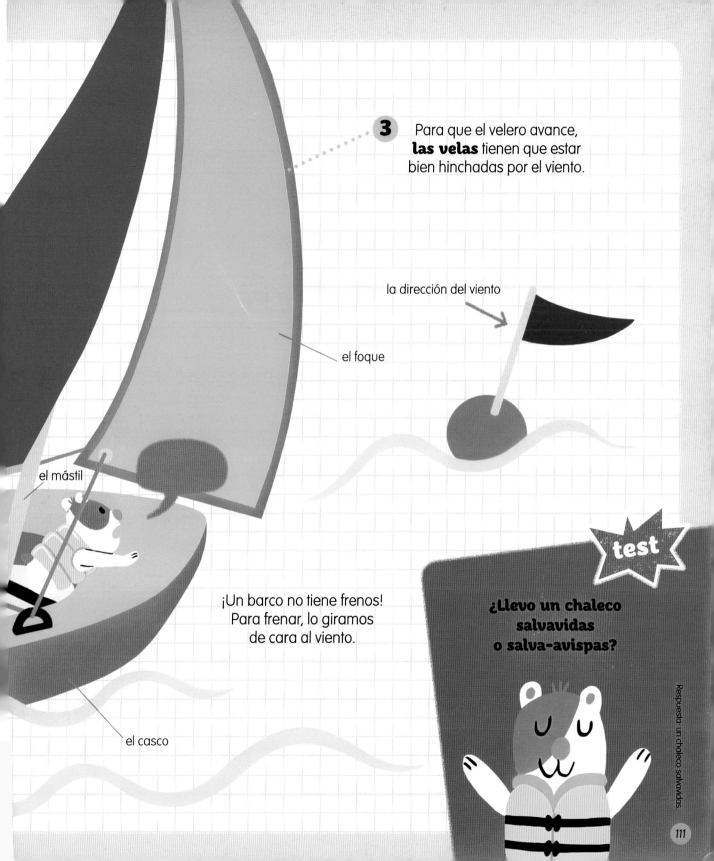

3 Para que el velero avance, **las velas** tienen que estar bien hinchadas por el viento.

la dirección del viento

el foque

el mástil

¡Un barco no tiene frenos! Para frenar, lo giramos de cara al viento.

el casco

test

¿Llevo un chaleco salvavidas o salva-avispas?

Respuesta: un chaleco salvavidas.

111